NAPOLÉON LE GRAND,

SOUS LE DÔME DES INVALIDES.

IMPRIMERIE DE MICHEL FOSSONE,

avenue de St.-Cloud, 3, à Versailles, et rue de Vaugirard, 104, à Paris.

NAPOLÉON LE GRAND,

Sous le Dôme des Invalides,

PAR M. S......,

ANCIEN OFFICIER.

La natura lo fecce e ruppe la stampa.
La nature le fit et brisa le moule.

PARIS.

CHEZ TOUS LES MARCHANDS DE NOUVEAUTÉS.

—

1840

NAPOLÉON LE GRAND,

Gloire au roi qui a pris l'initiative d'un acte dicté par un pur et haut sentiment national ! Honneur à ses ministres qui en acceptent la responsabilité!

Louis-Philippe a reçu, dans sa jeunesse, le baptême de feu sur les champs de bataille, et il a compris combien était grande cette démarche toute française. A l'un de ses fils il confie la noble mission d'aller recueillir les dépouilles mortelles de l'Empereur, et opérer leur translation en France, tandis que l'héritier de sa couronne foule, sous le soleil des tropiques, la terre sillonnée jadis par les Scipion et les Annibal.

On nous rend les cendres d'un captif ; préparons-nous à recevoir dignement les cendres d'un héros.

Il est mort de douleur sur un rocher battu par les tempêtes de l'Océan atlantique. Sa dernière pensée fut pour la France, vers laquelle il tournait sans cesse ses regards attristés ; son dernier soupir, un adieu à ses braves.

Ombre illustre et généreuse, reviens parmi nous avec ton enveloppe terrestre ! Tu seras où tu aurais toujours dû être : au milieu des tiens.

Tes vieux guerriers pleureront sur ta tombe de regrets et d'amour : nos jeunes soldats y viendront puiser les inspirations belliqueuses qui animaient leurs devanciers au jour du combat ; car ils ont, eux aussi, le courage qui fait envisager le péril sans pâlir, et l'amour de la patrie qui donne la victoire.

C'est aux ames élevées que j'adresse cet opuscule : elles seules comprennent le culte qu'on rend au génie.

Mais il est encore parmi nous, malheureusement, des hommes qui se font un jeu cruel d'assombrir les joies publiques : ils travaillent à faire naître l'inquiétude dans les esprits timorés, et le fiel coule de leur plume.

La haine d'un parti qui s'éteint, se répand

aujourd'hui en basses injures contre la mémoire de l'Empereur : le mépris de la Nation fera justice de ces honteux écrits, dont les auteurs s'ébattent sur un froid cadavre. Si soudain il se redressait devant eux, plein de vie et de puissance comme autrefois, ils ramperaient de nouveau à ses pieds, ainsi qu'ils l'ont fait aux beaux jours de l'Empire.

Laissons ces insectes malfaisans bourdonner autour de l'autel : ils ne troubleront pas le sacrifice.

D'autres hommes, au langage moins cynique, mais habiles à exploiter les événemens qui surgissent, voudraient profiter de celui-ci pour allumer de nouvelles torches incendiaires, prêts qu'ils sont toujours à en lancer parmi le peuple, afin de le porter au désordre et à la confusion. Ils espèrent l'effrayer en créant autour de lui des fantômes menaçans, monstres nés de leur imagination factieuse et malade.

Voici ce qu'ils écrivent :

« L'Angleterre a consenti à la translation des cendres de Napoléon, voilà qui est bien ; mais que dira le reste de l'Europe ? »

Je leur répondrai :

Le reste de l'Europe dira que la France est maîtresse chez elle , et qu'au besoin elle présenterait six millions d'hommes armés , ses princes à leur tête , pour faire respecter ce qu'elle veut de juste et d'équitable , ce qu'elle a résolu de grand et de généreux.

« On calcule d'avance l'immense population » indigène et *étrangère* que cette cérémonie » doit attirer dans la capitale, l'effet dangereux, » incalculable des cris de : vive l'Empereur ! » la difficulté qu'on aura peut-être à transporter » *le tombeau* aux Invalides , contre le vœu de » plus d'un million d'hommes , qui feront reten-» tir cette acclamation : à la Colonne ! »

Le sujet que je traite est grave : il ne comporte pas une querelle de mots. Néanmoins, je crois devoir faire remarquer qu'il n'y a point de population *étrangère* en France , mais des étrangers que nous accueillons avec bienveillance, et des réfugiés qui viennent nous demander l'hospitalité : ni les uns ni les autres n'ont le droit de se mêler de ce qui se passe chez nous.

Le cri de : *Vive l'Empereur* ! sera celui de

l'enthousiasme et de l'admiration : il ne saurait être dangereux. S'il offense les oreilles de quelques mauvais Français, ils seront assez sages pour concentrer en eux-mêmes l'*effet incalculable* qu'ils éprouveront : la prudence leur en donnera le conseil.

S'il est vrai que l'*acclamation :* A LA COLONNE ! se fasse entendre au moment de l'imposante cérémonie, alors, ce sera, contrairement au sens grammatical attaché à ce mot, un cri de désapprobation à la volonté du gouvernement, comme il est aujourd'hui une menace d'avenir, une provocation à l'émeute.

« Et, n'est-ce pas une irrévérence, et la
» plus grave de toutes, que de placer son tom-
» beau aux Invalides, à côté des victimes ob-
» scures de Fieschi ?.... »

Mais, il n'y a point de victimes obscures devant l'éternel, sous le niveau de la mort, et sous le poids de la terre qui les couvre. A la tête de celles qui tombèrent lors de l'attentat régicide qu'on nous remet si méchamment, et si hors de propos en mémoire, ne se trouvait-il pas un maréchal de France ? Et les Masséna, les Suchet,

les Lefebvre, les Pérignon, les Beurnonville,
les Kellermann, les Foy, les Davoust, les Ca-
mille Jordan, les Casimir Perrier, et tant d'autres grands personnages de notre épopue, qui
reposent en paix dans le cimetière du Père-
Lachaise, en sont-ils moins l'objet de notre véné-
ration pour être entourés de la fosse commune?

Sorti des rangs du peuple, et parvenu au plus
haut degré de gloire et de puissance auquel
l'homme de génie puisse atteindre, Napoléon,
dont l'histoire est pleine d'actions héroïques, et
d'immenses travaux législatifs, a fermé l'abîme
creusé par notre grande et terrible révolution.
A ce titre seul la France lui devait des statues :
il fut son libérateur, il la sauva de l'anarchie, et
refoula aussitôt l'ennemi loin de ses frontières
menacées.

Jusqu'au dernier jour de sa vie militaire, la
victoire, sa compagne fidèle, ne l'abandonna
point; mais, des lâches qu'il avait comblés de
bienfaits, le trahissaient dans l'ombre.

Ses ennemis l'accusent d'avoir commis des
erreurs et fait des fautes. C'est lui reprocher de
n'avoir pas été un dieu !

Terrassé enfin par l'adverse fortune, à l'aide de vingt nations conjurées contre lui, il demande à un ennemi généreux la faveur de s'asseoir, comme Thémistocle, au foyer domestique, et se remet librement entre ses mains. C'était la foi punique. On l'entraîne au-delà des mers, on le confie à la garde d'un farouche geôlier, et il meurt captif.

Mais les peuples ne sont pas comptables des actes de ceux qui les gouvernent, et le temps efface les inimitiés nationales. Déjà les Anglais, justes appréciateurs des grandes renommées, avaient accueilli chez eux le maréchal Soult d'une manière aussi honorable pour eux que pour lui personnellement, et la France qu'il représentait ; et ils acquièrent aujourd'hui de nouveaux droits à notre reconnaissance, en nous restituant le dépôt qui leur avait été confié. Qu'entr'eux et nous règnent éternellement la paix et la concorde !

Pour jeter au milieu de nous les fermens d'une perturbation que les partis désirent voir naître, leurs organes posent cette question, simple en apparence, mais insidieuse, et qu'ils veulent compliquer et agrandir : où convient-il de déposer les restes de Napoléon ?

Et chacun d'eux de s'écrier aussitôt :

Il n'y a qu'un point sur la terre où ils puissent être convenablement ensevelis :

Sous la Colonne ;

A la Madeleine ;

A la place de l'Obélisque ;

Sur l'emplacement de la Bastille ;

A l'Arc-de-Triomphe de l'Étoile.

Mais c'est envain qu'ils s'efforcent de donner le change sur leurs intentions malveillantes, en poussant ce cri de terreur : aurons-nous la guerre civile ? le public ne s'y méprendra pas.

Non, Messieurs, non, nous n'aurons pas la guerre civile ; la population réunie pour recevoir ces nobles dépouilles à leur arrivée, saura, par son attitude calme et recueillie, déjouer vos sinistres projets.

Et, souvenez-vous encore, que, s'il y avait le moindre trouble, le plus léger tumulte, c'est calomnier l'armée, que de faire pressentir, comme vous le faites, que les troupes rassem-blées pour augmenter l'éclat de cette mémorable cérémonie, pourraient y prendre une autre part que celle de saluer le plus grand guerrier des temps anciens et modernes, et d'imposer aux agitateurs. Elles ne seront point entraînées par la *commotion électrique*, que vous semblez craindre et que vous désirez. Nos braves connaissent leurs devoirs comme soldats : vous oubliez les vôtres de bons citoyens.

La colonne a son illustration toute guerrière ; elle lui suffit. Cent victoires gravées sur le bronze attestent notre grandeur aux yeux des nations ; et si, dans les siècles futurs, le bronze s'écroulait, nos belliqueux exploits, transmis d'âge en âge aux générations les plus loin de nous encore, seront, et toujours, les plus brillantes pages de l'histoire du monde.

Non, ce n'est ni dessous ni auprès de ce monument que doivent reposer les cendres de l'Empereur. Sur une place publique, son tombeau ne serait plus qu'un objet de simple curiosité. Qui le garantirait des profanations nocturnes ? qui ordonnerait au silence de régner où une nombreuse population s'agite ?

Aucun bruit ne troublait le pieux recueillement de Napoléon devant la sépulture du grand Frédéric.

Le temple de la Gloire s'élevait : il s'est transformé en une église, sous l'invocation de Sainte-Madeleine. Quel rapport y aurait-il entre cette belle pénitente du désert et l'homme qui tentait les destinées de l'Europe dans ses mains; entre le fronton de l'édifice et l'épée du conquérant?

Aux Grands Hommes, la Patrie reconnaissante, n'est plus qu'une vaine inscription depuis que le Panthéon est rendu au culte catholique : les bases du chef-d'œuvre de Soufflot reposent sur des catacombes, et ses caveaux ont été souillés.

Des insensés demandent aussi que l'on fasse descendre l'Obélisque de son piédestal pour ériger le mausolée à sa place. Profânes! qui que vous soyez et de quel parti, ne remuez plus cette terre arrosée du sang d'un Roi!

Proposer l'emplacement de la Bastille, est une idée dont il est inutile de faire sentir l'inconvenance et le rididicule.

L'arc-de-triomphe de l'Etoile, est hors de l'enceinte de Paris.

Mais, grand et majestueux, s'élève depuis deux siècles l'hôtel royal des Invalides. Fondé par un monarque qui comprenait aussi la gloire militaire, et destiné à recevoir les braves qui survivaient, mutilés, à la victoire, c'est le *seul point de la terre* où le corps de Napoléon puisse être convenablement placé. A l'ombre des drapeaux pris sur nos ennemis, entouré de plusieurs de ses anciens compagnons d'armes, il reposera en paix, loin du tumulte, et au sein de la capitale.

Que si des hommes pervers concevaient un jour la pensée impie d'outrager ces précieuses dépouilles jusque dans leur dernière demeure, elles seraient défendues par la sainteté du lieu, la solidité de l'édifice, les canons dont il est armé, et deux mille vieux soldats de tous grades, qui retrouveraient l'ardeur de leur valide jeunesse pour faire respecter ce qui nous reste encore du héros des siècles.

Qu'il n'y ait donc en France qu'un seul cri : Sous le Dôme des Invalides !

Ce petit ouvrage était déjà sous presse, lorsque les feuilles publiques ont annoncé que la commission, chargée de faire son rapport à la Chambre des Députés, sur la translation du corps de Napoléon, approuvait le projet du gouvernement de le déposer sous la voûte du dôme des Invalides.

Ce n'est pas seulement au grand capitaine que la France va rendre les honneurs funèbres, mais encore au monarque qui l'a élevée à un si haut degré de prospérité : une couronne impériale surmontera son tombeau.

Si ma faible voix pouvait avoir quelque retentissement, et elle en aura peut-être, je proposerais de placer au-dessus de cet emblême de la souveraine puissance, un aigle d'or au yeux de diamant, qui planerait sur le monument, et le couvrirait de ses ailes déployées.

Que les journaux, et principalement celui qui se publie sous ce beau titre : LE SIÈCLE, ouvrent leurs colonnes à une souscription pour en faire les frais, et mon offrande, aussitôt déposée, sera l'obole du vieux soldat qui sert son pays depuis quarante ans.

—